Cäsar lesen – kein Problem!

Übungen zur Cäsar-Lektüre

C.C. BUCHNERS VERLAG

Cäsar lesen — kein Problem!

Die Übungen zur Cäsar-Lektüre
wurden erarbeitet von Rainer Nickel, Göttingen

ISBN 3 7661 **5601** 2

1. Auflage 1 6 5 4 1999 98 97 96 95 94
Die letzte Zahl bedeutet das Jahr dieses Druckes.

Karikaturen: Franz Kaller, Oberhaid
Gesamtherstellung: Druckerei Bussard, Gundelsheim

Hinweise zur Benutzung des Übungsprogramms

Das Übungsprogramm dient folgenden Zielen:

1. Übung der Fähigkeit zur Texterschließung in Ergänzung und Vertiefung der Textlektüre im Unterricht
2. Vermittlung, Erweiterung und Festigung eines für den jeweiligen Originaltext typischen Wortschatzes
3. Vermittlung, Erweiterung und Vertiefung der für die Texterschließung erforderlichen Grammatikkenntnisse
4. Vermittlung von Erfolgserlebnissen und Sympathiewerbung für die lateinische Sprache

Das Übungsprogramm soll vor allem den Schülern eine Hilfe sein, die aufgrund lückenhafter Sprachkenntnisse und zu geringer Erfahrung im Umgang mit lateinischen Texten nur zu unzureichenden Unterrichtserfolgen gelangen und die Freude an der lateinischen Sprache verloren haben. Es versteht sich demnach als eine Art **Hilfsprogramm** oder **Nachhilfeprogramm** für den lateinischen Lektüreunterricht und sollte deshalb neben der laufenden Schullektüre unter Anleitung oder auch in selbständiger Alleinarbeit durchgearbeitet werden.

Das Programm kann ohne weitere Hilfsmittel bewältigt werden.
Die Lösungen im Heft „Übersetzungshilfen und Lösungen" ermöglichen die Selbstkontrolle.

Die Ausgabe besteht aus zwei Teilen

— dem **Übungsteil** und
— den **Übersetzungshilfen und Lösungen.**

Jede Doppelseite des Übungsteiles ist in vier Abschnitte gegliedert:

— Lateinischer Originaltext (im vorliegenden Heft Auswahl aus Cäsar, Bellum Gallicum Buch VII)

— Wortangaben zum Text (in erheblich größerem Umfang als in den üblichen Textausgaben)

— Raum für die eigene Übersetzung des Benutzers

— Aufgaben

Die Übersetzungshilfen bestehen aus vier Listen mit den häufigsten grammatischen Erscheinungen des Lateinischen:

— **Typisch lateinische Satzglieder** von ① bis ⑭
— **Gliedsatzeinleitungen** von [1] bis [50]
— **Ablative von** ❶ bis ⓮.
— **Verschiedenes** von [1] bis [4]

Die lateinischen Originaltexte sind so abgedruckt, daß ihr Aufbau auf den ersten Blick durchschaubar ist:

Hauptsätze beginnen stets am linken Rand der bedruckten Seite, Gliedsätze (Nebensätze) sind deutlich nach rechts eingerückt.

Man kann also
    , wenn man zunächst nur die Satzglieder
        , die am linken Rand beginnen
    , berücksichtigt,
ohne Schwierigkeiten alle Wörter erfassen
    , die zum Hauptsatz gehören,
und hat so die Kernaussage des Satzes vor Augen.

Zusätzlich sind
    die typischen lateinischen Satzglieder,
    die Gliedsatzeinleitungen und
    die meisten Ablative
mit Zahlen markiert.

Mit Hilfe dieser Zahlen findet man Übersetzungsmöglichkeiten, weitere Beispiele und Erläuterungen in den vier Listen des zweiten Teiles („Übersetzungshilfen und Lösungen").

Man schlägt zunächst die entsprechend bezifferte grammatische Erscheinung in den „Übersetzungshilfen" nach, um die dortigen Angaben sorgfältig durchzulesen. Bei gründlicher Arbeit wird das Nachschlagen und Vergleichen allmählich nicht mehr in jedem Einzelfall notwendig sein. Man erkennt auch ohne den Blick in die Listen, um welche grammatische Erscheinung es sich handelt. In diesem Falle braucht man die Zahlen nur noch als Wegweiser zur Selbstkontrolle zu benutzen.

Die Aufgaben auf der rechten Hälfte der Doppelseite dienen der zusätzlichen Sicherung der Kenntnisse. Die Lösungen sollten aber auf jeden Fall nachgeschlagen werden, nachdem man eine eigene Lösung formuliert hat. Gegebenenfalls werden die eigenen Lösungen (Radiergummi, Tintenkiller) korrigiert.

Die Aufgaben können übrigens während oder auch erst nach der Erschließung des Originaltextes erledigt werden. In der Regel unterstützen und erleichtern sie die Übersetzung des Textes.

Wenn alles getan ist, wird die eigene Übersetzung an der dafür vorgesehenen Stelle auf der linken Seite eingetragen. Die schriftliche Formulierung ist eine sehr wirksame zusätzliche Übung, auf die man nie verzichten sollte, zumal ja auch in Klassenarbeiten und Klausuren stets eine schriftliche Übersetzung gefordert wird. Nicht zuletzt ist die schriftliche Übersetzung auch eine wirkungsvolle Übung für die Formulierungsfähigkeit in der Muttersprache.

Noch ein Wort zur zeitlichen Planung des Trainings: Es verspricht den größten Erfolg, wenn es nicht in zu großen „Portionen" erfolgt. Wer **eine Doppelseite pro Arbeitstag** konzentriert und sorgfältig durcharbeitet, schafft genug. Als besonders günstig erweist sich die Verteilung des Pensums auf zwei Arbeitstage: Am ersten Tag werden der Text erschlossen und die Aufgaben gelöst, am zweiten Tag wird — nach gründlicher Wiederholung — die Übersetzung formuliert und eingetragen.

Viel Spaß und viel Erfolg.

Cäsar reist nach Italien (1,1)

(12) Quieta Gallia (12)
Caesar
, [46a] ut constituerat,
in Italiam
(1) ad conventus agendos (1)
proficiscitur.
Ibi cognoscit de P. Clodii caede
(8) de senatusque consulto certior factus (8)
, [46e] ut omnes iuniores Italiae coniurarent,
dilectum ❼ tota provincia ❼ habere instituit.

conventūs (Akk. Pl.) **agere** Gerichtstage halten — **cognoscere de aliqua re** erfahren von etwas — **caedis,** *-is* f. Ermordung — **senatūs** (Gen. Sg.) **consultum ..., ut ...** Beschluß des Senates, daß ... — **certior factus** benachrichtigt — **iuniores** junge Männer — **coniurare** den Fahneneid leisten — **dilectus,** *-ūs* m. Aushebung

Bitte hier die Übersetzung eintragen.

1. **quieta Gallia:** Name des Ablativs

____

2. **constituerat:** Tempus

Präsens ☐ Imperfekt ☐ Plusquamperfekt ☐

3. **constituerat:** Stammformen

______________	______________
1. Sg. Ind. Präs. Akt.	Inf. Präs. Akt.
______________	______________
1. Sg. Ind. Perf. Akt.	Supinum I/P.P.P.

4. **agendos:** Stammformen

______________	______________
3 Sg. Ind. Präs. Akt.	Inf. Präs. Pass.
______________	______________
3. Sg. Ind. Perf. Akt.	Supinum I/P.P.P.

5. **ad conventus agendos:** Drei Übersetzungen

____

____

____

6. **proficiscitur:** Welche Formen gehören dazu?

proficiscuntur ☐ proficere ☐ professus sum ☐

profecti sunt ☐ profecerunt ☐ proficiscimini ☐

7. Verschiedene Buchstaben ergänzen und übersetzen

proficisc___ntur ______________________________

proficisc___ntur ______________________________

proficisc___ntur ______________________________

Nichts als Gerüchte (1,2 - 3)

Eae res in Galliam Transalpinam celeriter perferuntur.
Addunt ipsi et adfingunt ❷rumoribus❷ Galli
, [24a] quod res poscere videbatur:
⑬retineri ❹urbano motu❹ Caesarem
neque in tantis dissensionibus
ad exercitum venire posse⑬.

⑧❹Hac impulsi occasione❹⑧
, [24b] qui ante
⑭se populi Romani imperio subiectos⑭
dolerent,
liberius atque audacius
de bello consilia inire incipiunt.

perfero, *-ferre, -tuli, -latum* berichten — **addo,** *addere, -didi, -ditum* hinzufügen, zusätzlich behaupten — **adfingo,** *-fingere, -finxi, -fictum* hinzudichten — **rumor,** *-oris* m. Gerücht — **motus,** *-us* m. Unruhe — **dissensio,** *-ionis* f. Spannung — **occasio,** *-ionis* f. Gelegenheit, Umstand — **subicere aliquem imperio** jemanden der Herrschaft unterwerfen — **dolere** schmerzlich empfinden (m. A.c.i.) — **liberius atque audacius** Komparativ des Adverbs — **consilia inire** Pläne fassen

1. **celeriter:** Wortart ______

2. Drei weitere Komposita von **ferre** (mit Bedeutung)

______ ______ ______

______ ______ ______

3. Gliedsatz bestimmen: **quod ... videbatur**

Kausalsatz ☐ Relativsatz ☐ Fragesatz ☐

4. Objekt zu **addunt** und **adfingunt**

______

5. **urbano motu:** Name des Ablativs

______

6. **motu:** Deklination

a-Dekl. ☐ o-Dekl. ☐ u-Dekl. ☐

7. Stammverwandte Wörter (mit Übersetzung)

urbano ______ **dissensionibus** ______

motu ______ **exercitum** ______

8. Indirekte Rede in direkte Rede umformen

______

______

______

9. **qui ... dolerent:** Gliedsatz bestimmen

______

Armes Gallien (1,4 - 6)

(10) Indictis inter se principes Galliae conciliis (10)
❼ silvestribus ac remotis locis ❼
queruntur de Acconis morte;
(14) hunc casum ad se ipsos recidere posse (14) demonstrant;
miserantur communem Galliae fortunam;
❸ omnibus pollicitationibus ac praemiis ❸ deposcunt
, [24c] qui belli initium faciant
et ❷ sui capitis periculo ❷ Galliam
in libertatem vindicent.
(14) In primis (7) rationem esse habendam (7) (14) dicunt
, [18a] priusquam eorum clandestina consilia efferantur
, [46d] ut Caesar ab exercitu intercludatur.

indicere concilia Versammlungen einberufen — **silvestris,** *-e* waldreich — **remotus** ablegen — **queror,** *queri, questus sum* **de** über etw. klagen — **recidere ad aliquem** auf jemanden zurückfallen — **miseror,** *miserari* bejammern — **pollicitatio,** *-ionis* f. Versprechung — **deposcunt** (erg. *eos*), **qui** sie verlangen nach Leuten, die — **capitis periculum** Gefahr für das Leben — **in libertatem vindicare** in die Freiheit führen — **in primis** vor allem — **rationem habere, ut** Maßnahmen treffen, (so) daß — **clandestinus** heimlich — **intercludo,** *-cludere, -clusi, -clusum* abschneiden

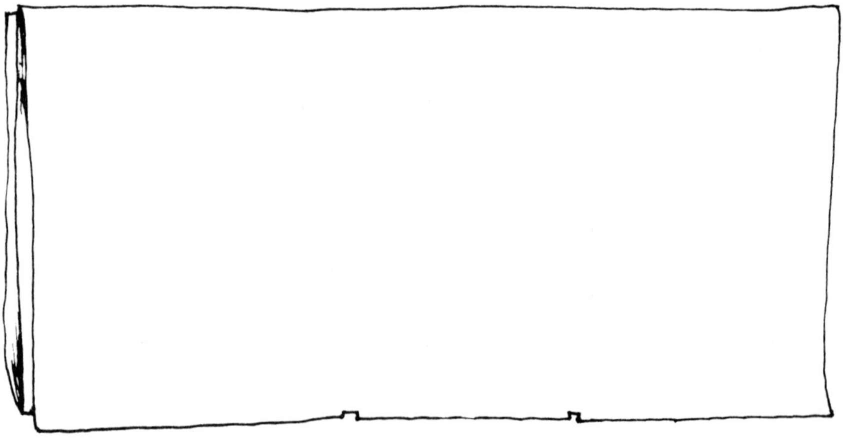

1. **indictis ... conciliis:** Drei Übersetzungen

____

____

____

2. **silvestribus ... locis:** Name des Ablativs

____

3. Was gehört zu **queruntur?**

queri	☐	quaesivi	☐	quaesiti	☐	questi	☐
quaeri	☐	querentur	☐	quaesitus	☐	querens	☐

4. Subjekt zu **demonstrant** ______________________________

5. **faciant:** Stammformen

____

6. **in primis ...:** Subjekt des A.c.i. ______________________________

7. **sui capitis periculo Galliam in libertatem vindicent:** Übersetzungen vergleichen

a) unter Gefährdung ihres Lebens G. befreien

b) unter Einsatz ihres Lebens G. befreien

c) G. befreien, indem sie ihren Kopf hinhalten

d) G. in die Freiheit führen, indem sie alles auf eine Karte setzen

8. **priusquam:** Gliedsatz bestimmen

Temporalsatz ☐ Relativsatz ☐ Kausalsatz ☐

9. **efferantur:** Lexikon-(Such-)Form ______________________________

Lieber sterben (1,7 - 8)

(13) Id esse facile
, [31b] quod neque legiones audeant
(12) absente imperatore (12)
(10) ex hibernis (10) egredi
neque imperator
sine praesidio
ad legiones pervenire possit (13) .

(13) Postremo (7) in acie (7) praestare interfici
quam non veterem belli gloriam libertatemque
, [24a] quam a maioribus acceperint,
recuperare (13) .

legio, *-ionis* f. Legion — **absens,** *-ntis* abwesend — **hiberna,** *-orum* Winterlager — **egredior,** *egredi, egressus sum* ausrücken — **praesidium** Schutz — **postremo** schließlich — **praestare** es sei besser — **recuperare** wiedergewinnen

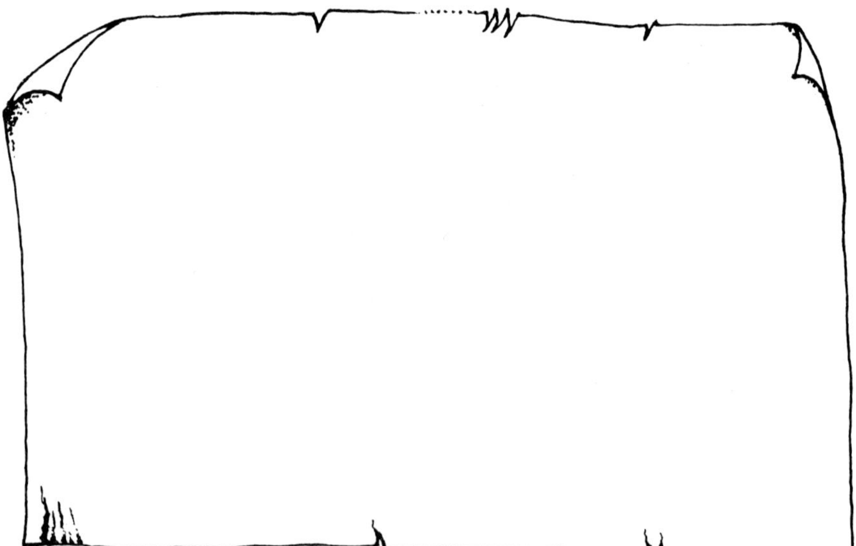

1. Text verdecken, Buchstaben ergänzen

Id esse facile

,quod neque legion______ aude______

absente imperator______

ex hibern______ egred______

neque imperator

sine praesidi______

ad legion______ pervenire pos______ .

2. **quod:** Gliedsatz bestimmen ____

3. Was gehört nicht zu **audeant**?

audent ☐ audiunt ☐ ausus ☐ audisse ☐

4. **absente imperatore**: Zwei Übersetzungen

____

____

5. **Quid est imperator sine praesidio?**

Lateinisch antworten

____

6. **sine**: Wortart ____

7. Durchstreichen, was nicht zu **possit** gehört:

possimus — prosit — potuit — posset — prosum — prosim

potuisse — prodessem — potui — potuerunt

8. Übersetzen

a) praestat amare quam odisse ____

____

b) praestat laudari quam vituperari ____

____

Alles zum Wohl des Vaterlandes (2, 1-2a)

(10) His rebus agitatis (10)
profitentur Carnutes
(14) se nullum periculum communis salutis causa
recusare (14)
principesque ex omnibus
(14) bellum facturos (14)
pollicentur et
, [34] quoniam ❽ in praesentia ❽ ❸ obsidibus ❸
inter se cavere non possint
, [11b] ne res efferatur
, at ❷ iure iurando ac fide ❷ sanciatur,
petunt ...

(Fortsetzung übernächste Seite)

agitare betreiben (zu *agere*) — **profiteor,** *profiteri, professus sum* bekennen, zu erkennen geben — **causa** (m. Gen.) wegen, in Rücksicht auf — **recusare** zurückweisen — **principes ex omnibus** als erste von allen — **polliceor,** *polliceri, pollicitus sum* versprechen — **obsides,** *-um* Geiseln — **inter se cavere** sich gegenseitig Garantien geben — **ius iurandum** Schwur, Eid — **fides,** *-ei* f. Verpflichtung zur Treue — **sancire** feierlich vereinbaren

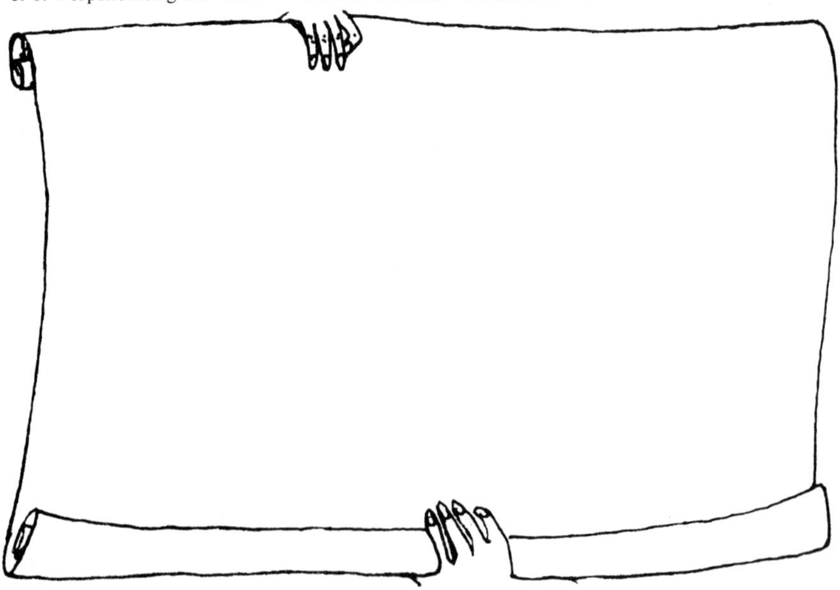

1. **se ... recusare**: A.c.i. in Hauptsatz umformen (die Carnuten sprechen in direkter Rede)

____

____

2. **communis salutis causa**: Folgende Verbindungen übersetzen

honoris causa ______________________________

amicitiae causa ______________________________

rei publicae administrandae causa ______________________

____

3. **salutis**: Lexikonform ______________________________

4. **bellum facere**: Bedeutungsähnliche Wörter und Wortverbindungen

______________________ ______________________

5. **quoniam**: Gliedsatz bestimmen ______________________

6. Text abdecken. Wörter ergänzen

His [ ] agitatis profitentur Carnutes [ ]

nullum periculum communis [ ] causa recusare ...

7. **efferantur**: Stammformen

__________ __________ __________ __________

8. Drei Komposita von **ferre** (m. Bedeutung)

______________________ ______________________

______________________ ______________________

______________________ ______________________

Feierlicher Treueschwur (2, 2b - 3)

(principes ex omnibus petunt)

(10) conlatis militaribus signis (10)
, [24a] quo more eorum
gravissima caerimonia continetur
, [11a] ne (10) facto initio belli (10)
ab reliquis deserantur.
Tum (10) conlaudatis Carnutibus (10)
(10) dato iure iurando ab omnibus (10)
, [24a] qui aderant,
(10) tempore eius rei constituto (10)
(10) a concilio (10) disceditur.

conlatis P.P.P. zu *confero, -tuli, -collatum* — **quo more** eig. in welcher Sitte, worin — **caerimonia** Heiligkeit, Feierlichkeit — **contineri aliqua re** enthalten sein in — **desero,** *deserere, deserui, desertum* im Stich lassen — **conlaudari** von allen gemeinsam gelobt werden — **ius iurandum** Eid — **concilium** Versammlung — **disceditur** man geht fort von, man verläßt

1. **conlatis**: Weitere Komposita mit cum (con-, co-, com-) aus dem Text zusammenstellen (Lexikonformen m. Übersetzung)

____

____

____

2. **gravissima**: Lexikonform ____________________________

3. **ne**: Gliedsatz bestimmen ____________________________

4. **facto initio belli**: zwei Übersetzungen

____

____

5. **tum ... disceditur**: aus den Abl. abs. selbständige Hauptsätze bilden

____

____

____

6. Bedeutungsangaben

   dis-cedere ____________________________

   di-ripere ____________________________

   di-rumpere ____________________________

   dis-cernere ____________________________

7. Welche lat. Wörter stecken in **tempore**?

   ________ ________ ________ ________ ________ ________

8. Lat. Wörter / Formen bilden:

   a + 1 Buchstaben — a + 2 B. — a + 3 B. — a + 4 B. — a + 5 B.

   ________ ________ ________ ________ ________

Räuber und Mörder (3, 1)

[44b] Ubi ea dies venit,
Carnutes
(12) Cotuato et Conconnetodumno ducibus
, desperatis hominibus, (12)
Cenabum (10) signo dato (10) concurrunt
civesque Romanos
, [24a] qui negotiandi causa ibi constiterant
, in his C. Fufium Citam
, honestum equitem Romanum
, [24a] qui rei frumentariae
❹ iussu Caesaris ❹ praeerat,
interficiunt bonaque eorum diripiunt.

desperatus homo Bandit — **Cenabum** nach/in Cenabum — **negotiari** Handel treiben — **negotiandi** (Gerundium) **causa** um Handel zu treiben — **consisto,** *-sistere, -stiti* sich niederlassen — **res frumentaria** Getreideversorgung — **iussus,** *-us* m. Befehl — **praesum,** *praeesse, praefui* (m. Dat.) voranstehen, verantwortlich sein für — **interficio,** *-ficere, -feci, -fectum* ermorden — **bona,** *-orum* Besitz — **diripio,** *-ripere, -ripui, -reptum* plündern, rauben

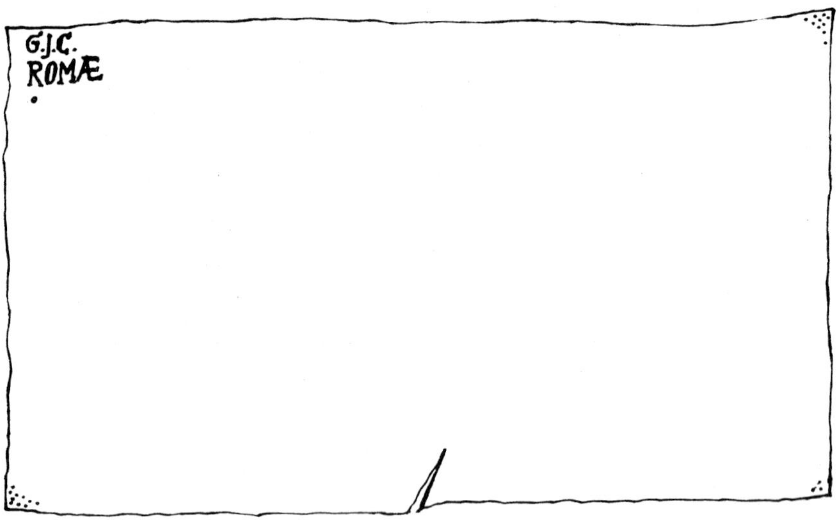

1. **ubi**: Gliedsatz bestimmen

Relativsatz ☐ Fragesatz ☐ Temporalsatz ☐

2. **qui**: Gliedsatz bestimmen ____________________

3. Unterscheiden: ubi __________ ibi __________ tibi __________

4. **constiterat**: Welche Formen gehören nicht dazu? (durchstreichen)

constat, constitissem, constituerat, constitui, constitisse, constituebant, constituens, constans, consistens, consistebat, consistet

5. Subjekt des Hauptsatzes ____________________

6. Prädikat des Hauptsatzes ____________________

__________ __________

7. **cives Romanos**: Satzglied ____________________

8. **signo dato**: zwei Übersetzungen

____

____

9. **interficiunt**: Bedeutungsgleiche Wörter

__________ __________ __________

10. Lücken füllen (1 Punkt = 1 Buchstabe)

. e . . er . . .   . . mi . . s

11. Wörter zum Sachfeld **res frumentaria** (m. Übersetzung)

__________ __________

__________ __________

__________ __________

12. Gegenteil von **honestus** ____________________

Perfekter Nachrichtendienst (3, 2 - 3)

Celeriter ad omnes Galliae civitates fama perfertur.
Nam
    ,[45] ubicumque maior atque inlustrior incidit res,
❷clamore❷ per agros regionesque significant.
Hinc alii deinceps excipiunt et proximis tradunt
    ,[46a] ut tum accidit.
Nam
    ,[24e] quae Cenabi ⑪oriente sole⑪ gesta essent,
ante primam confectam vigiliam
❼in finibus Arvernorum❼ audita sunt
    ,[24a] quod spatium est milium passuum circiter centum sexaginta.

fama Nachricht — **inlustris,** *-e* bedeutend — **incidit** (es) passiert — **per** (m. Akk.) über ... hin — **significare** bekannt machen — **hinc** darauf — **deinceps** nacheinander — **excipere** (die Nachricht) aufnehmen — **accidit** es geschah — **Cenabi** in Cenabum — **ante primam confectam vigiliam** vor Ablauf der ersten Nachtwache — **spatium** Entfernung — **milium ... sexaginta** von ungefähr 160.000 Doppelschritten

1. **ubicumque**: Gliedsatz bestimmen ______

2. **maior atque inlustrior res**: Grundform ______

______

3. **clamore**: Name des Ablativs ______

4. **significant**: stammverwandte Wörter ______

______

5. hinc ______ hic ______ huc ______ hunc ______

6. tum ______ tam ______ dum ______

7. **gesta essent**: Stammformen

______ ______ ______ ______

8. Übersetzen

   res gestae ______

   se gerere ______

   labores in foro gerere ______

   rem mandatam gerere ______

   dum haec geruntur ______

9. **primus**: der zweite ______ der dritte ______

   der vierte ______ der fünfte ______

10. Was ist nicht verwandt mit **finis**? (durchstreichen)

    finitimus, finiunt, fiunt, finitus, fit, finio

11. Text abdecken. Wortgrenzen markieren

    UBICUMQUEMAIORATQUEINLUSTRIORINCIDITRES

12. Welche anderen lateinischen Wörter sind in der Buchstabenreihe enthalten?

______

______

Vercingetorix wird aktiv (4, 1 - 2)

❷ Simili ratione ❷ ibi Vercingetorix,
Celtilli filius, [3] summae potentiae [3] adulescens,
[24a] cuius pater principatum totius Galliae obtinuerat
et ob eam rem
, [31b] quod regnum adpetebat,
a civitate erat interfectus,
(10) convocatis suis clientibus (10) facile incendit.
(10) Cognito eius consilio (10) ad arma concurritur.
Prohibetur a Gobannitione, patruo suo,
reliquisque principibus
, [24a] qui (14) hanc (7) temptandam (7) fortunam (14)
non existimabant.

ratio, *-ionis* f. h. Art und Weise — **summae potentiae** von höchster Macht — **principatum obtinere** die Führung haben — **ob** (m. Akk.) wegen — **adpetere** (Akk.) streben nach — **cliens,** *-ntis* m. Anhänger — **incendit** (erg. *clientes*) aufwiegeln — **patruus** Onkel — **hanc temptare fortunam** auf diese Weise das Schicksal herausfordern

1. **simili ratione**: Name des Ablativs ______________________

2. **cuius**: Gliedsatz bestimmen ______________________

3. **totius**: Lexikonform ______________________

4. Weitere wie **totus** deklinierte Wörter (Pronominaladjektive) (mit Übersetzung):

____

____

____

5. **quod**: ☐ Relativsatz ☐ Kausalsatz
☐ Finalsatz ☐ Begehrssatz

6. **adpetebat**: Stammformen

__________ __________ __________ __________

7. **erat interfectus**: Form bestimmen (Nichtzutreffendes streichen)

3. Sg. Pl. Ind. Konj. Perf. Plusquamperf. Futur Aktiv Passiv

8. **facile**: Wortart ______________________

9. **cognito ... consilio**: Zwei Übersetzungen

____

____

10. **prohibetur**: Subjekt ______________________

11. Subjekt des A.c.i. ______________________

12. Was ist falsch? (Text abdecken)

prohibentur a Gobannitione, patre suo,

reliquosque principiis, qui hac temptandam

fortuna non existimant

13. Durch Wegstreichen eines Buchstabens ein neues Wort bilden (m Übersetzung)

ARMA ______________ ARMA ______________

Erste Erfolge (4, 3 - 4)

Expellitur ⑩ex oppido Gergovia⑩.
Non desistit tamen
atque ❼in agris❼ habet dilectum egentium ac perditorum.
⑩Hac coacta manu⑩
,[26] quoscumque adit ex civitate,
ad suam sententiam perducit.
Hortatur
,[46e] ut communis libertatis causa arma capiant,
⑩magnisque coactis copiis⑩adversarios suos
,[24a] a quibus paulo ante erat eiectus,
expellit ⑩ex civitate⑩.

expello, *expellere, expuli, expulsum* vertreiben — **desisto,** *desistere, destiti* aufhören — **dilectus,** *-us* m. Aushebung, Rekrutierung — **egens,** *-ntis* der Notleidende — **perditus** der Verkommene — **cogo,** *cogere, coegi, coactum* zusammentreiben — **manus,** *-us* f. h. Schar, sonst: Hand — **adire aliquem** zu jemandem hingehen, sich an jmd. wenden — **ad suam sententiam perducere** auf seine Seite bringen — **adversarius** Gegner — **paulo ante** kurz zuvor — **eicio,** *eicere, eieci, eiectum* hinauswerfen

1. **expellitur**: Subjekt ____________________

2. **egentium ac perditorum**: Zu welchen Verben gehören diese Formen?

____________________ ____________________

3. **quoscumque**: Gliedsatz bestimmen ____________________

4. Text verdecken. Buchstaben ergänzen

Expell____tur ex oppid____ Gergovia. Non desist____t tamen atque in agr____s hab____t dilectum egent____um ac perdit____rum. Hac coact____ manu, quoscumque ad____t ex civitat____, ad su____m sententi____m perduc____t.

5. **ut**: Gliedsatz bestimmen

6. **communis libertatis causa**: Zwei Übersetzungen

____

____

7. **adversarius**: weitere Beispiele aus dem Sachfeld

____

____

____

8. **a quibus ... erat eiectus**: ins Aktiv umformen

____

9. **civitas, -atis** f.: stammverwandte Wörter (m. Übersetzung)

____

____

10. Übersetzen:

e castris expulsus est ____________________

aliquem civitate expellere ____________________

memoriam huius rei expellamus ____________________

____________________ ____________________

Machtergreifung (4, 5 - 7)

Rex ab suis appellatur.

Dimittit quoque versus legationes.

Obestatur

,[46e] ut in fide maneant.

Celeriter sibi Senones, Parisios, Cadurcos, Turonos, Aulercos, Lemovices, Andes reliquosque omnes

,[24a] qui Oceanum attingunt,

adiungit.

❷Omnium consensu❷ ad eum defertur imperium.

⑩Qua oblata potestate⑩

omnibus his civitatibus obsides imperat.

⑭Certum numerum militum ad se celeriter adduci⑭ iubet.

appellare nennen, ernennen — **dimittere legationes** Gesandtschaften schicken — **quoque versus** überall hin — **obtestari** jemanden beschwören, beschwörend bitten — **fides,** *-ei* f. Treue, Treueschwur — **sibi adiungere aliquem** sich mit jemandem verbünden — **Oceanum attingere** am Ozean wohnen — **deferre imperium** den Oberbefehl übertragen — **obsides imperare alicui** von jemandem Geiseln verlangen

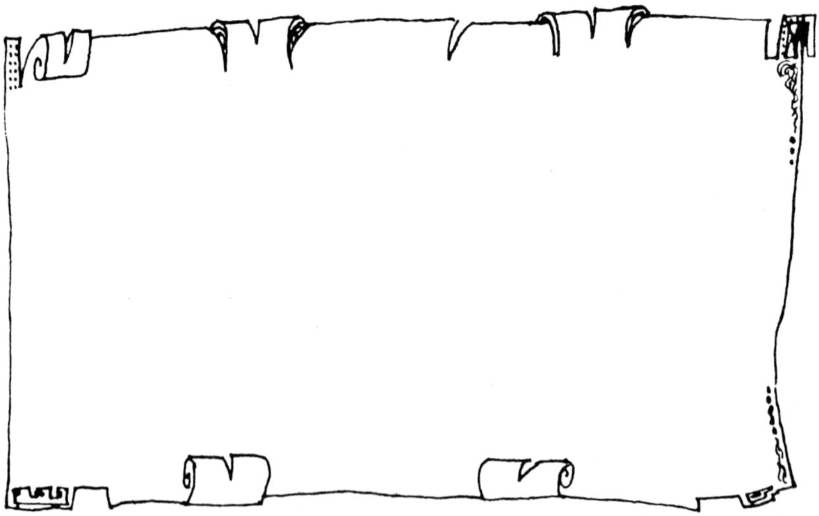

1. **rex**: verwandte Wörter (m. Bedeutungsangabe)

____

____

____

2. **sibi**: worauf bezieht sich das Reflexivpronomen?

____

3. Bedeutungsähnliche Wörter einsetzen

↗ ____

rex ab suis appellatur

↘ ____

4. **obtestari**: Beispiele aus dem Sachfeld ,,bitten'' (m. Übersetzung)

____

____

____

5. **maneant**: bestimmen (Nichtzutreffendes streichen)

3. Sg. Pl. Ind. Konj. Präs. Impf. Perf. Aktiv Passiv

6. **ut**: Gliedsatz bestimmen

☐ Begehrssatz ☐ Finalsatz ☐ Konsekutivsatz

7. Prädikate der Hauptsätze ins Perfekt setzen ______________________

______________ ______________ ______________

______________ ______________ ______________

8. **celeriter sibi adiungit**: Vercingetorix spricht

____

8. **oblata**: Lexikonform und Infinitiv

____

Hartes Durchgreifen (4, 8 - 10)

[50] Armorum quantum quaeque civitas domi
quodque ante tempus efficiat,
constituit.
In primis equitatui studet.
Summae diligentiae summam imperii severitatem addit.
❷Magnitudine supplicii❷ dubitantes cogit.
Nam ⑩maiore commisso delicto⑩
❸igni atque omnibus tormentis❸ necat,
leviore de causa
⑩auribus desectis⑩ aut ⑩singulis effossis oculis⑩
domum remittit
,[46c] ut sint reliquis [4]documento[4]
et ❹magnitudine poenae❹
perterreant alios.

armorum quantum wieviel (an) Waffen — **quaeque civitas** jeder Stamm — **quod ante tempus** vor/bis zu welchem Zeitpunkt — **efficio,** *efficere, effeci, effectum* bewirken, aufbringen — **in primis** vor allem, zuerst — **studere** (m. Dat.) sich um etwas bemühen — **severitas,** *-atis* f. Strenge — **addo,** *addere, addidi, additum* hinzufügen — **supplicium** Strafe — **delictum** Vergehen — **tormentum** Marter — **leviore de causa** aus einem unbedeutenderen Anlaß — **auris,** *-is* f. Ohr — **desecare** abschneiden — **effodio,** *effodere, effodi, effossum* ausstechen — **documento esse alicui** jemandem ein Beweis sein

1. Text abdecken. Wortgrenzen markieren.
ARMORUM|QUANTUM|QUAEQUE|CIVITAS|DOMI|QUOD|QUE|ANTE|TEMPUS|
EFFICIAT|CONSTITUIT

2. **in primis**: Satzglied ______________________________

3. **equitatui studet**: Wortverbindungen übersetzen

virtuti studeo ______________________________

laudi studebant ______________________________

memoriae studeat ______________________________

legibus cognoscendis studuerunt ______________________________

4. **cogit**: Stammformen

______________________ ______________________
3. Sg. Ind. Präs. Akt. Inf. Präs. Akt.

______________________ ______________________
3. Pl. Ind. Perf. Akt. Supinum I/P.P.P.

5. **maiore commisso delicto**: Zwei Übersetzungen

____

____

6. Übersetzen

delictum committere ______________________________

spectaculum committere ______________________________

milites proelium commiserunt ______________________________

ne contra legem committas ______________________________

salutem suam consuli committant ______________________________

____

7. Was gehört zum Körper des Menschen? Übersetzen

auris, -is f. ____________ oculus ____________ caput, -itis n. ____________

os, oris n. ____________ capillus ____________ nasus ____________

frons, frontis f. ____________ pectus, -oris n. ____________

Bedrohliche Lage (5, 1 - 3)

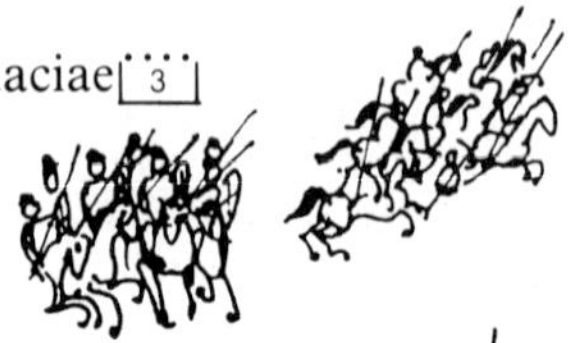

⑩❸His suppliciis❸ celeriter coacto exercitu⑩
Lucterium Cadurcum, [3] summae hominem audaciae[3]
❶cum parte copiarum❶ in Rutenos mittit;
ipse in Bituriges proficiscitur.
❽Eius adventu❽ Bituriges ad Haeduos
,[24a] quorum erant ❼in fide❼,
legatos mittunt [1] subsidium rogatum[1].

Haedui de consilio legatorum
,[24a] quos Caesar ad exercitum reliquerat,
copias equitatus peditatusque [4]subsidio[4] Biturigibus
mittunt.

supplicium Strafe — **celeriter** Adverb zu *celer, celeris, celere* schnell — **cogere exercitum** ein Heer zusammenstellen — **Lucterius Cadurcus** L., der Cadurker — **in Rutenos** in das Gebiet der R. — **fides** Schutzherrschaft — **subsidium** Hilfe — **de consilio legatorum** auf den Rat der Legaten hin — **equitatus, peditatus** Gen. Sg. — **subsidio** (Dat.) **mittere** zu Hilfe schicken

1. **celeriter**: Weitere Adverbien auf -iter (m. Übersetzung)

2. **coacto exercitu**: Drei Übersetzungen

3. **proficiscitur**: Perfekt

4. Übersetzen:

   proficiscitur — ab urbe

   proficiscitur — ex portu

   proficiscitur — ad bellum

5. navis proficiscitur

6. ipse, iste, idem, is

7. **eius** gehört zu ipse, iste, idem, is?

8. **fides**: 5 Bedeutungsangaben

9. subsidium rogare

   subsidio mittere, venire

10. Relativpronomina unterstreichen:

    quos, eos, vos, quas, quod, quia, quibus, eo, quo, quam, quarum

11. **reliquerat**: Passiv

12. **exercitus**: Verwandte Wörter

Feige Freunde (5, 4 - 5)

[2] Qui [3d] cum ad flumen Ligerim venissent

,[24a] quod Bituriges ⑩ab Haeduis⑩ dividit,

⑧paucos dies ibi morati⑧ neque

⑧flumen transire ausi⑧

domum revertuntur legatisque nostris renuntiant

⑭se ⑧Biturigum perfidiam veritos⑧ revertisse⑭

,[24a] ⑭quibus id consilii fuisse⑭ cognoverint

,[46e] ut

,[36a] si flumen transissent,

⑩una ex parte⑩ ipsi,

⑩altera⑩ Arverni se circumsisterent.

morati von *moror, morari, moratus sum* sich aufhalten — **ausi** von *audeo, audere, ausus sum* wagen — **perfidia** Treulosigkeit — **vereor,** *veritus sum, vereri* fürchten — **quibus ... cognoverint** übersetze *quibus* wie ein Demonstrativpronomen — **id consilii** dies (war ein Teil) des Planes — **una ex parte ... altera** aus der einen ... aus der anderen Richtung — **circumsistere** umringen, angreifen

1. **copia**: Verschiedene Lexikonbedeutungen ______________________________

____

2. **mittere**: 3. Sg. Ind. Präs. Akt. ______________________________

Inf. Perf. Akt. ______________________________

3. Pl. Ind. Perf. Pass. ______________________________

3. **ad flumen**: Weitere Präpositionen beim Akkusativ mit Bedeutungsangaben ____________

____

____

____

____

4. domum ____________________ domi ____________________

domo ____________________

5. **revertuntur**: Stammformen ______________________________

____

6. Formen von **ire** bestimmen und übersetzen:
eo, isse, iste, ad eundum, euntis, eorum, idem, ite, ii, i, ibi, irent, ibunt, isti, eorundem, iis

7. trans-ire ____________________ ab-ire ____________________

ad-ire ____________________ inter-ire ____________________

in-ire ____________________ ex-ire ____________________

8. **perfidia**: Gegenteil? ______________________________

9. se revertisse / eos revertisse / omnes revertisse — nuntiant

____

____

____

10. si / cum / priusquam — flumen transissent

____

____

____

Warum so ängstlich (5, 6 - 7)

Id [50] eane de causa
, [24a] quam legatis pronuntiaverint,
an ⑧❹perfidia❹ adducti⑧ fecerint
, [31b] quod nihil nobis constat,
non videtur ⑦pro certo esse ponendum⑦.
Bituriges ❽eorum discessu❽ statim se ❶cum Arvernis❶ coniungunt.

-ne ... an ob ... oder — **ea de causa** aus diesem Grunde — **constat** h. ... ist bekannt — **pro certo ponere** als sicher annehmen — **discessus,** *-us* das Abrücken — **se coniungere** sich vereinigen

Stand da ein Mädchen (Carmina Burana 177)

Stetit puella
rufa tunica.
Siquis eam tetigit,
tunica crepuit. Eia.

Stetit puella
tamquam rosula:
facies splenduit
et os eius floruit. Eia.

1. id, quod, hoc, idem, ipsum, illud

2. **quam**: Wortart?

3. perfidia

in invidiam — adductus

ad summam inopiam

4. Bestimmen. fecerint

fecissent

faciant

facerent

5. **coniungunt**: Stammformen

Iocosa

Vermurkstes Latein (nur mündlich übersetzen)

CAESAR EST CUM CONSILIO ANTE PERICULA.

Merkvers für den Abl. abs.

QUIBUS REBUS COGNITIS CAESAR in die Hose schiß.

Laut lesen: Di curante, bis si filum.

Siste, liber edi, das radio is nix.

Caput is es.

Eine Inschrift: DATIS NEPIS POTUS COLONIA (vielleicht sind die Silben auch noch anders zu ordnen)

Cäsar und kein Heer (6, 1 - 2)

(10) His rebus in Italiam Caesari nuntiatis (10)
, [3e] cum iam ille
(14) urbanas res ❹ virtute Cn. Pompei ❹
commodiorem in statum pervenisse (14)
intellegeret,
in Transalpinam Galliam profectus est.
Eo , [3d] cum venisset,
❸ magna difficultate ❸ afficiebatur
, [50] ❷ qua ratione ❷ ad exercitum pervenire posset.

ille gemeint ist Caesar — **urbanus** Adj. zu *urbs* — **commodus status** günstiger Zustand — **eo** dorthin — **qua ratione** auf welche Weise

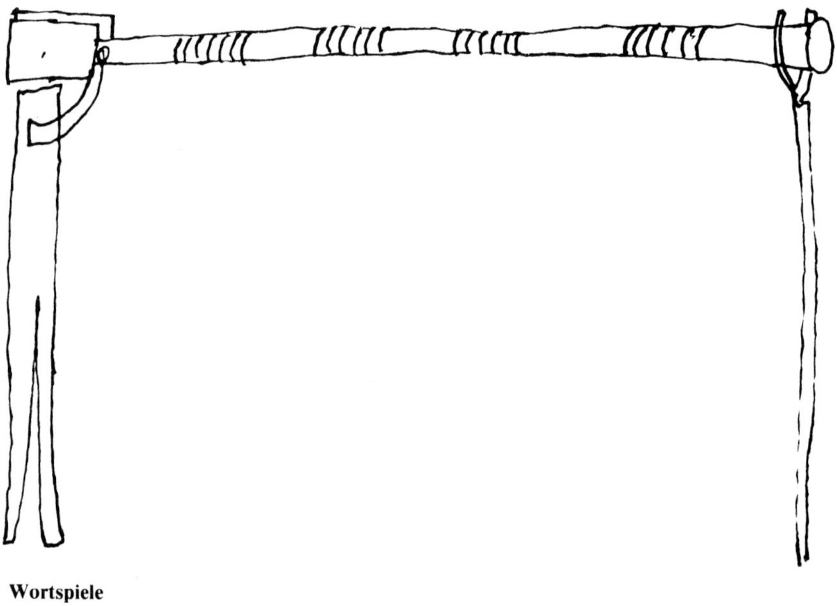

Wortspiele

TE PRODET FACIES, TURPITER CUM FACIES.

NEC SINE SOLE SUO LUX, NEC SINE LUCE SUA SOL.

1. **virtute**: Name des Abl. ______

2. Steigerungsformen (Komparative) unterstreichen.

certior — iuniores — tota — celeriter — rumor —
liberius — audacius — hibernus — maioribus

3. Grundformen zu den Steigerungsformen.

minor ______ melior ______

peior ______ acrior ______

4. **profectus est**: Präsens ______

5. Übersetzen

afficere aliquem laetitia ______

affici dolore ______

afficere beneficiis ______

6. 3. Sg. aller Tempora und Modi von **posse** (m. Übersetzung)

______

______

______

______

______

______

7. Übersetzen

rationem reddere alicui ______

rationem habere alicuius ______

homo rationis particeps ______

nullum scelus habet rationem ______

______

Zum Nachdenken: MAGNA VOLUISSE MAGNUM. SUUM CUIQUE.

Es wird brenzlig (6, 3 - 7,2)

Nam [36a] si legiones in provinciam arcesseret,
(14) (12) se absente (12) ❼ in itinere ❼ ❷ proelio ❷ dimicaturas (14)
intellegebat;
[36a] si ipse ad exercitum contenderet,
(14) ne iis quidem ❽ eo tempore ❽
, [24a] qui quieti viderentur,
suam salutem recte committi (14)
videbat.

(8) Interim Lucterius Cadurcus in Rutenos missus (8) eam civitatem Arvernis conciliat. (8) Progressus in Nitiobroges et Gabalos (8) ❾ ab utrisque ❾ obsides accipit et (10) magna coacta manu (10) in provinciam Narbonem versus irruptionem facere contendit.

arcessere herbeiholen — **proelio dimicare** in Kampfhandlungen verwickelt werden — **ne ... quidem** nicht einmal ... — **quietus** ruhig — **alicui salutem committere** jemanden sein Heil anvertrauen, jemandem vertrauen — **conciliare** (m. Dat.) für jemanden gewinnen, auf die Seite jemandes bringen — **obsides** Geiseln — **manum cogere** eine Menge zusammenbringen — **versus** in Richtung auf — **irruptio** Einfall, Einbruch

1. Inf. Präs. Pass. von folgenden Verben: arcesseret ____________________

dimicaturas ____________________ intellegebat ____________________

viderentur ____________________ committere ____________________

2. Text ergänzen. Caesar legion______ in itiner______ proelio dimicat ____________

esse intellege__________.

3. Ergänzen.

a) Legiones in provinciam arcess ______________________________ sunt.

b) Legiones proelio dimica ______________________________ intellexit.

c) Ipsi ad exercit____________________ contend____________________.

4. a und b in den Singular, c in den Plural setzen.

____

____

____

5. Hostes flumen transire videntur. ______________________________

____

Poena mihi levis esse videtur. ______________________________

____

6. **quieti**: Drei Deutungen: ______________________________

______________________________ ______________________________

7. Drei Übersetzungen für **Lucterius in Rutenos missus.**

____

____

____

8. **progressus**: Stammformen ______________________________

____

9. **ab utrisque**: Nom. Sg. ______________________________

Narbo in höchster Gefahr (7, 3 - 5)

⑩Qua re nuntiata⑩ Caesar ⑭omnibus consiliis ⑦antevertendum⑦ ⑭ existimavit, [46c] ut Narbonem proficisceretur. Eo [3d] cum venisset, ⑨timentes⑨confirmat, praesidia ❼in Rutenis provincialibus, Volcis Arecomicis, Tolosatibus❼ circumque Narbonem, [24a] quae loca hostibus erant finitima, constituit. ⑭Partem copiarum ❾ex provincia❾ supplementumque, [24a] quod ❾ex Italia❾ adduxerat, in Helvios, [24a] qui fines Arvernorum contingunt, convenire⑭iubet.

qua relativischer Anschluß — **antevertere** vorziehen — **Narbonem** nach Narbo — **eo** dorthin — **praesidia,** *-orum* militärische Besatzungen, Militärposten — **provincialis,** *-e* in der Provinz lebend — **quae loca** gemeint sind die vorher aufgezählten Gebiete — **finitimus** benachbart — **constituere** h. aufstellen — **supplementum** Verstärkung — **contingere** angrenzen

Übersetzung

1. Weitere Komposita zu **pro-gredi** (mit Übersetzung).

____

____

2. **magna coacta manu**: Den Abl. abs. in einen Hauptsatz verwandeln: ____________

____

3. Welche lat. Wörter stecken in **accipit**? ____________________

4. ante-vertere ____________________ a-vertere ____________

____________ con-vertere ____________ de-vertere ____________

e-vertere ____________________ per-vertere ____________

5. Was tut Caesar? Verben im Inf. Präs. Akt. aufschreiben ____________

____

____

6. Welche Aufgaben haben die Relativsätze? ____________________

____

7. Verwandle **timentes confirmat** in ein Satzgefüge mit Relativsatz. ____________

____

8. Substantiv mit Übersetzung zu **timentes** ____________________

confirmat ____________ **constituit** ____________ **iubet** ____________

9. **finis**: Verwandte Wörter. ____________________

____

10. Welche Wörter stehen mit A.c.i.? Unterstreichen:

iubere — videre — movere — velle — parere — pati

11. P.P.P. zu confirmat, constituit, adduxerat, contingunt

____________ ____________ ____________ ____________

Tiefer Schnee — für Cäsar kein Hindernis (8, 1 - 3)

⑩His rebus comparatis⑩ ⑩represso iam Lucterio et remoto⑩, [31b] quod ⑭intrare intra praesidia periculosum⑭ putabat, in Helvios proficiscitur. [8] Etsi mons Cebenna, [24a] qui Arvernos ❿ab Helviis❿ discludit, ❽durissimo tempore anni❽ ❹altissima nive❹ iter impediebat, tamen ⑩discussa nive in altitudinem pedum sex⑩ atque ⑩ita viis patefactis ❷summo militum labore❷ ⑩ad fines Arvernorum pervenit. [2] ⑩Quibus oppressis inopinantibus⑩, [31b] quod ⑭se ❸Cebenna ut muro❸ munitos⑭ existimabant ac ne singulari quidem umquam homini ❽eo tempore anni❽ semitae patuerant, equitibus imperat, [46e] ut, [20a] quam latissime possint, vagentur et quam maximum hostibus terrorem inferant.

comparare erledigen — **reprimere** zurückdrängen — **removere** vertreiben — **proficiscitur** Subj. ist Caesar — **discludere** trennen — **discutere** wegräumen — **nix** *(nivis)* **in altitudinem pedum sex** Schnee von sechs Fuß Höhe — **vias patefacere** den Weg freimachen — **inopinans** überrascht — **ut** wie — **singularis** einzeln — **semita** Pfad — **patere** h. begehbar sein — **quam latissime possint** so weit sie könnten — **vagari** ausschwärmen — **quam** (mit Superlativ) möglichst

Übersetzung

1. Verwandle die Abl. abs. in Hauptsätze: ____________________

____

____

____

2. Grundformen der Superlative **durissimus** und **altissimus** ____________________

____

3. Inf. Präs. Pass. zu **patefacere**: ____________________

4. **labor**: Verwandte Wörter (mit Übersetzung): ____________________

____

5. **labor** von **lābor** unterscheiden: ____________________

____

6. Genitiv Sg.: iter ____________________ nix ____________________

altitudo ____________________ tempus ____________________

7. **oppressis**: Lexikonform? ____________________

8. Einen sinnvollen und grammatisch korrekten Satz bilden aus:

Caesar, terror, hostis, imperare, eques, inferre, ut: ____________________

____

____

9. Konjunktive unterstreichen:

opprimant, muniunt, existimabant, pateant, imperarent, possent, vagantur

Vercingetoris — der Retter? (8, 4 - 5)

Celeriter haec ④fama ac nuntiis④ ad Vercingetorigem perferuntur; [2] quem ⑧perterriti⑧ omnes Arverni circumsistunt atque obsecrant, [46e] ut suis fortunis consulat neu ⑭se ❾ab hostibus❾ diripi⑭ patiatur, [3e] praesertim cum videat ⑭omne ad se bellum translatum⑭. [2] Quorum ille ⑧❹precibus❹ permotus⑧ castra ❿ex Biturigibus❿ movet in Arvernos versus.

fama Gerücht — **perferre** übermitteln — **obsecrare** beschwörend bitten — **fortunis** (Dat.) **consulere** für den Schutz des Besitzes sorgen — **neu** und daß nicht — **diripere** ausplündern — **praesertim cum** verstärktes *cum* — **in ... versus** in Richtung auf

Übersetzung

Iocosa

IMUS. GAUDEMUS, RIDEMUS. NIHILQUE TIMEMUS.

Anders interpungiert:

I, mus. Gaude, mus. Ride, mus. Nihilque time, mus. — **mus** Maus

Sed caveas caveas, ne pereas per eas. — **cavea** Falle

1. Formen von **posse** und **ferre** in der 3. Sg. Ind. aller Tempora im Aktiv: ______________

____

____

____

2. Bedeutung feststellen:

aliquid in ignem inferre______________________________

eum in equum inferre______________________________

fontes urbi inferre______________________________

signa in hostem inferre______________________________

alicui spem inferre______________________________

3. **perferuntur:** Perfekt? ______________________________

4. **suis, se:** Warum Reflexivpronomina? ______________________________

____

5. **translatum (esse):** Inf. Präs. Pass.: ______________________________

6. **ut ... consulat ... neu patiatur:** In einen direkten Wunschsatz verwandeln: ______________

____

7. **fortuna:** Verschiedene Bedeutungsangaben: ______________________________

____

8. Bedeutung von **movere** in verschiedenen Verbindungen:

pulchritudo movet oculos ______________________________

populus gratia movetur ______________________________

res, quae moveri possunt ______________________________

misericordia moveor ______________________________

aliqui ad bellum moventur ______________________________

____

Wörterverzeichnis

accipere *übernehmen, bekommen*
acies *Schlacht*
adducere *herbeiführen, veranlassen*
adulescens *junger Mann*
adventus *Ankunft*
afficere *befassen*
ager *Land*
altus *hoch*
annus *Jahr*
arma *Waffen*
attingere *angrenzen an*
audax *kühn*
audere *wagen*
castra *Lager*
casus *Unglücksfall*
celeriter *schnell*
certus *bestimmt*
circumsistere *sich stellen um*
civitas *Stamm*
clamor *Geschrei*
cogere *zwingen*
cognoscere *erkennen*
communis *gemeinsam*
concurrere *zusammenlaufen*
conferre *zusammenbringen*
confirmare *ermutigen*
consensus *Übereinstimmung*
constituere *beschließen*
contendere *eilen*
convenire *zusammenkommen*
convocare *zusammenrufen*
demonstrare *zeigen*
difficultas *Schwierigkeit*
dimittere *entlassen*
dividere *trennen*
domi *zu Hause*
domum *nach Hause*
dubitare *zögern*
durus *hart*
efferre *hinaustragen*
eques *Reiter*
equitatus *Reiterei*
exercitus *Heer*
existimare *glauben*
expellere *vertreiben*
facilis *leicht*
fines *Gebiet*
flumen *Fluß*
gerere *durchführen*
gloria *Ruhm*
gravis *gewichtig*
honestus *ehrenhaft*
hortari *ermahnen*
hostis *Feind*
ibi *dort*
ignis *Feuer*
impedire *behindern*
impellere *antreiben*
imperare *befehlen*
incipere *anfangen*
inferre *einjagen*
initium *Anfang*
instituere *beschließen*
intellegere *bemerken*
interim *inzwischen*
intrare *eindringen*
ipse *selbst*
ita *so*
iter *Marsch*
iubere *befehlen*
labor *Anstrengung*
liber *frei*
libertas *Freiheit*
magnitudo *Größe*

maior *größer*
maiores *Vorfahren*
manere *bleiben*
mittere *schicken*
mons *Berg*
morari *sich aufhalten*
mors *Tod*
movere *bewegen*
munire *schützen*
murus *Mauer*
necare *töten*
nuntiare *melden*
nuntius *Bote*
offerre *übertragen*
oppidum *Stadt*
opprimere *angreifen*
pars *Teil*
patefacere *öffnen*
pati *dulden*
pauci *wenige*
peditatus *Fußvolk*
periculosus *gefährlich*
permovere *bewegen*
perterrere *erschrecken*
pervenire *gelangen*
petere *verlangen*
poena *Strafe*
poscere *fordern*
potestas *Macht*
praemium *Belohnung*
praesentia *Augenblick*
preces *Bitten*
proficisci *aufbrechen*
prohibere *hindern*
pronuntiare *verkünden*
proximus *der nächste*
putare *glauben*
quietus *ruhig*
regio *Gegend*
regnum *Herrschaft*
relinquere *zurücklassen*
reliqui *die übrigen*
retinere *zurückhalten*
reverti *zurückkehren*
salus *Heil*
similis *ähnlich*
singuli *einzelne*
statim *sofort*
summus *höchster*
tamen *dennoch*
tantus *so groß*
tempus *Zeit*
terror *Schrecken*
timere *fürchten*
totus *ganz*
tradere *übergeben*
transferre *übertragen*
transire *überschreiten*
tum *dann, damals*
umquam *jemals*
urbanus *städtisch*
uterque *beide*
venire *kommen*
vetus *alt*
via *Weg*
videre *sehen*
virtus *Tapferkeit*

INHALT